How Beau the Cat Learned Chinese

波尔猫怎么学中文
bō ěr māo zěn me xué zhōng wén

A Bilingual Book by Lily Summer

Copyright © 2017 by Lily Summer

ISBN 13: 978-1-58790-394-6
ISBN 10: 1-58790-394-6

All rights reserved.

Manufatured in the U.S.A.
REGENT PRESS
Berkeley, California
www.regentpress.net

Beau's Signature

波尔的签名

My thanks go to :

Mark Weiman, my editor, for his dedication and wealth of knowledge. He made this unique book possible.
Gayle Young, Beau's Mom, for generously sharing her precious cat with me.
Ellen Wang, for her assistance in translating this book from English to Chinese.
Alexandre, for his lovely portrait of Beau and his insight and clever advice.

感谢：

威曼，我的编辑马克。他知识丰富也给予我无限的支持。因为他，这本独特的书才可能完成。
波尔的妈妈，谢谢她慷慨地与我分享她珍贵的猫。
亚纶的翻译及文宇画出可爱波尔的画像以及他的卓见和聪明的建议。

Beau wants to go to Beijing.

波尔想去北京。
bō ěr xiǎng qù běi jīng

Beau is a foodie. He adores eating. Beau thinks, "In Beijing they speak Chinese."

波尔是个美食家。它喜欢吃。
bō ěr shì gè měi shí jiā　tā xǐ huan chī

波尔想了一下，
bō ěr xiǎng le yí xià

"在北京他们说中文"
zài běi jīng tā men shuō zhōng wén

If he wants to eat well in Beijing, he needs to know how to say chicken, salmon, tuna, cheese, mouse, shrimp, Peking duck and dumplings in Chinese!

如果它要在北京吃得好，
rú guǒ tā yào zài běi jīng chī dé hǎo
必须知道以中文如何说鸡、
bì xū zhī dào yǐ zhōng wén rú hé shuō jī
鲑鱼、金枪鱼、奶酪、奶油
guī yú   jīn qiāng yú   nǎi lào   nǎi yóu
冻、虾、北京烤鸭和水饺！
dòng   xiā   běi jīng kǎo yā hé shuǐ jiǎo

Only one solution: Lisa. Each day Beau has noticed students with a notebook and pen arriving at her house to learn Chinese. Lisa is a language teacher. So Beau secretly listens, spies and learns.

只有一个解决方法：那就是
zhǐ yǒu yí gè jiě jué fāng fǎ nà jiù shì

丽莎。波尔每天都注意到
lí shā bō ěr měi tiān dōu zhù yì dào

学生们拿着笔记本和笔到她
xué sheng men ná zhe bǐ jì běn hé bǐ dào tā

家去学中文。丽莎是一位
jiā qù xué zhōng wén lí shā shì yí wèi

语言老师。波尔偷偷地听，
yǔ yán lǎo shī bō ěr tōu tōu de tīng

密探和学习。
mì tàn hé xué xí

In the bird bath, he learned how to count from one to ten: one, two, three, four, five, six, seven, eight, nine, ten.

在鸟浴槽中，它学会了数
zài niǎo yù cáo zhōng　tā xué huì le shǔ
一，二，三，四，五，六，
yī　èr　sān　sì　wǔ　liù
七，八，九，十。
qī　bā　jiǔ　shí

Near the hat, he learned the word "roast chicken".

在帽子的旁边,它学会了
说"烤鸡"。

On the garden chair, he learned to ask, "I would like a bowl of water please."

在花园椅子上，它学会问：
zài huā yuán yǐ zi shàng　tā xué huì wèn

"我想要一碗水"。
　wǒ xiǎng yào　yì　wǎn shuǐ

On the couch, he pretends to sleep and he learned the word "smoked salmon". But Beau only likes fresh salmon.

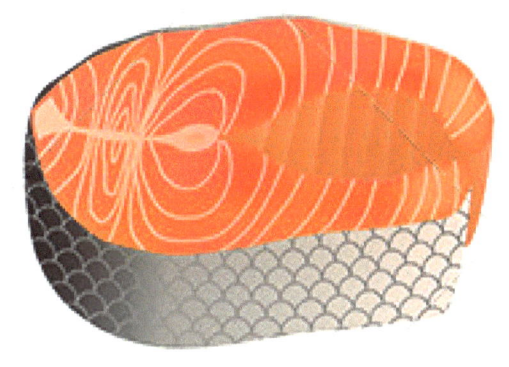

在沙发上，它假装睡觉并
zài shā fā shàng tā jiǎ zhuāng shuì jiào bìng

学会了说"熏鲑鱼"这个词。
xué huì le shuō xūn guī yú zhè ge cí

但是波尔只喜欢新鲜的鲑鱼。
dàn shì bō ěr zhī xǐ huan xīn xiān de guī yú

Under the bed, he learned the word "mouse". Mouse is a third tone word. A cat like him is a first tone word.

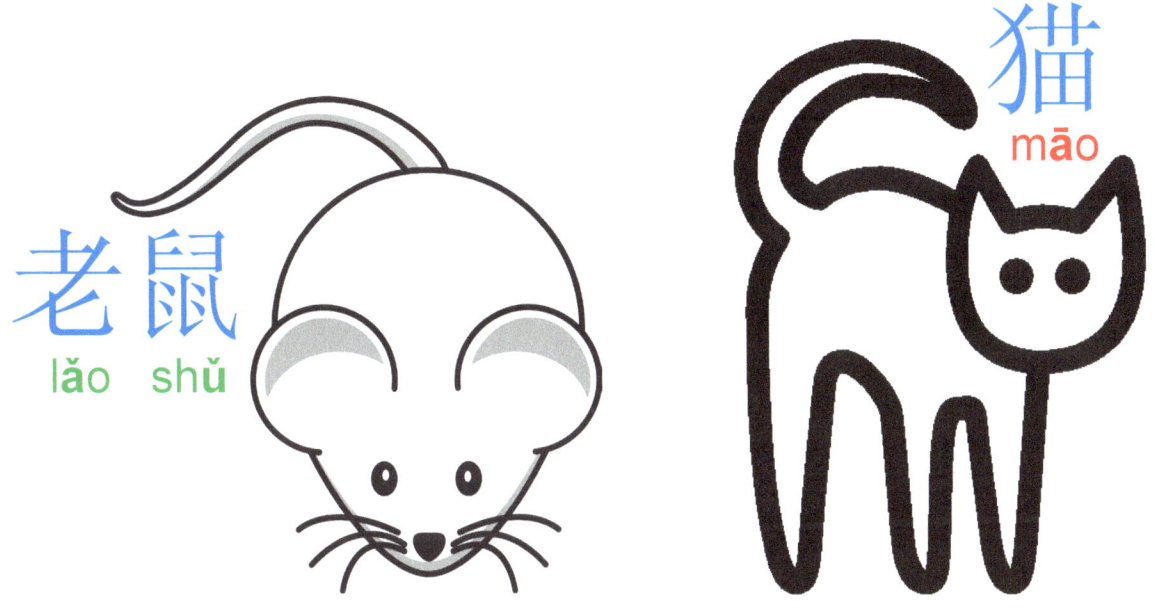

在床底下，它学会了说
zài chuáng dǐ xia   tā xué huì le shuō

"老鼠"。老鼠的声调是
lǎo shǔ   lǎo shǔ de shēng diào shì

第三个音，猫的声调是第
dì sān gè yīn   māo de shēng diào shì dì

一个音。
yī gè yīn

He hid behind the plant and he learned the word "to eat". In Chinese, verbs don't conjugate. I eat, I ate and I will eat is all: I eat! Beau is happy because he can eat all the time!

它躲在树后面并学会说了"吃"。
tā duǒ zài shù hòu mian bìng xué huì shuō le chī

在中文语法中，动词不共轭。我现
zài zhōng wén yǔ fǎ zhōng dòng cí bú gòng è wǒ xiàn

在吃，我昨天吃，我明天吃也都
zài chī wǒ zuó tiān chī wǒ míng tiān chī yě dōu

是"吃"！波尔很高兴，因为它可
shì chī bō ěr hěn gāo xìng yīn wèi tā kě

以一直吃！
yǐ yì zhí chī

Lisa has a lot of patience. She pronounces the words clearly and repeatedly. That way Beau is learning quickly and well. In the closet, Beau reviews all the vocabulary and makes sure Lisa doesn't forget anything, especially her summer shoes.

丽莎很有耐心。她清楚地和重复地
lí shā hěn yǒu nài xīn tā qīng chu de hé chóng fù de

发音。这样波尔学得快又好。
fā yīn zhè yàng bō ěr xué dé kuài yòu hǎo

波尔在衣柜里复习所有的词汇。
bō ěr zài yī guì lǐ fù xí suǒ yǒu de cí huì

并确保丽莎不会忘记任何东西，
bìng què bǎo lí shā bú huì wàng jì rèn hé dōng xi

特别是她的夏季鞋。
tè bié shì tā de xià jì xié

After a few months he is ready and sneaks into Lisa's suitcase. Lisa is going to Beijing tomorrow. Beau is very happy. He can't wait to see the Great Wall and all China from up high.

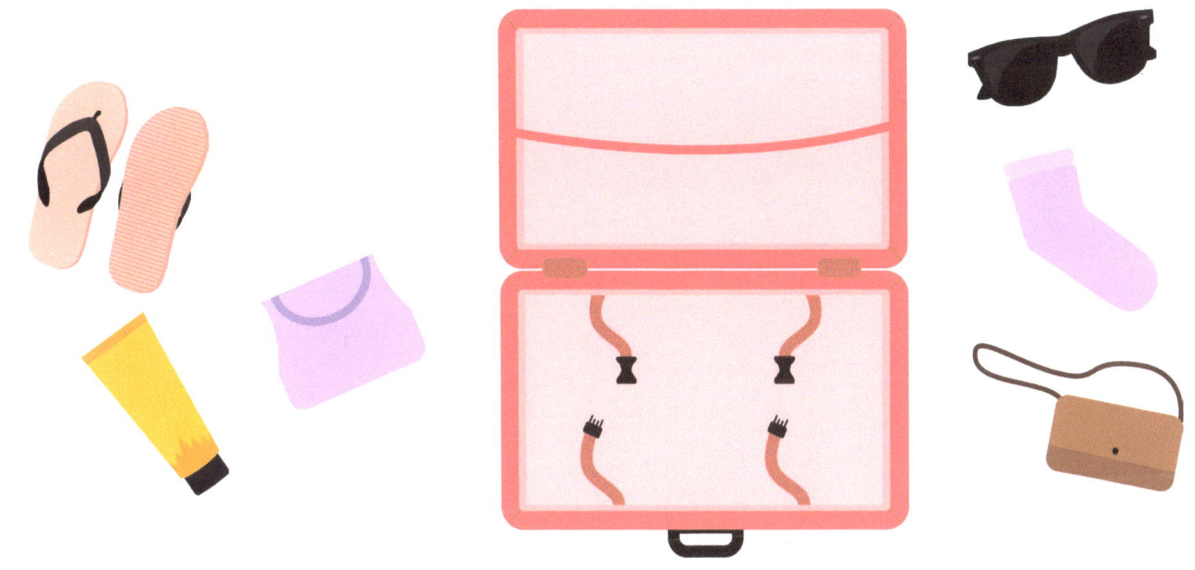

几个月后，它准备好想偷偷潜入丽莎
jǐ gè yuè hòu　tā zhǔn bèi hǎo xiǎng tōu tōu qián rù lí shā

的手提箱里。丽莎明天要去北京。
de shǒu tí xiāng lǐ　lí shā míng tiān yào qù běi jīng

波尔非常高兴。它真等不及从空中能
bō ěr fēi cháng gāo xìng　tā zhēn děng bù jí cóng kōng zhōng néng

看到长城和所有的中国。
kàn dào cháng chéng hé suǒ yǒu de zhōng guó

Alexandre, Lisa's student in Chinese, drew a portrait of Beau who has been eavesdropping on their lessons.

文宇，他是丽莎的中文学生，
wén yú   tā shì lí shā de zhōng wén xué sheng

画了波尔的肖像，并一
huà le bō ěr de xiào xiàng   bìng yì

直在旁偷听他们的课程。
zhí zài páng tōu tīng tā men de   kè chéng

Draw your own picture of Beau:

画出自己的波尔图片。
huà chū zì jǐ de bō ěr tú piàn

www.ingramcontent.com/pod-product-compliance
Lightning Source LLC
Chambersburg PA
CBHW041530070526
44586CB00002B/34